글 유가은
대학에서 유아교육을 전공했습니다.
어린이를 위한 글을 쓰기 위해 '어린이책 작가교실'에서 공부했습니다.
지금은 어린이들과 함께 책 놀이를 하는 선생님으로 활동하면서
이 세상 곳곳에 숨어 있는 재미난 이야기들을 열심히 찾고 있답니다.

그림 심미아
한국출판미술신인대상전 특별상과 보림창작그림책공모전 우수상을 받았습니다.
재미있는 것들로 가득한 할아버지 댁에서 보낸 어린 시절을 생각하며 어린이책에 그림을 그리고 있습니다.
쓰고 그린 책으로는 〈고양순〉, 〈장화 쓴 공주님〉, 〈집에 가는 길〉 등이 있습니다.

감수 신항균
성균관대학교 대학원 수학과를 졸업했습니다.
공군사관학교와 우석대학교 교수를 역임했고,
미국 애리조나 주립대학교 수학과 교환교수로도 활동한 바 있습니다.
지금은 서울교육대학교 수학교육과 교수로 재직 중이며,
동 대학교 초등수학교육연구소장으로 있습니다.
또한 서울교육대학교 영재교육원 운영위원으로도 활동하고 있습니다.
초등학교와 중학교, 고등학교에 이르기까지 수학교과서 집필책임교수로 활동했고,
저서로는 〈수학사와 수학이야기〉, 〈클릭 수학나라〉, 〈영재들의 1등급 수학교실 시리즈〉가 있습니다.

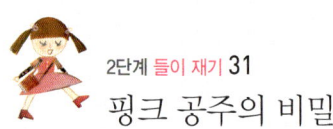

2단계 들이 재기 31
핑크 공주의 비밀

글 **유가은** 그림 **심미아** 감수 **신항균**
펴낸곳 **(주)아람키즈** | 펴낸이 **이소영** | 주소 **서울특별시 성동구 성수이로 147 아이에스비즈타워 2F**
고객센터 **1644-4521** | 팩스 **02-468-5548** | 홈페이지 **www.aramkids.co.kr** | 출판등록 **제2020-000011호**
기획 편집 디자인 **(주)아람키즈 하늘땅**
ISBN **979-11-6543-572-1 979-11-6543-509-7(세트)**

ⓒ (주)아람키즈
이 책은 저작권법에 따라 보호를 받는 저작물이므로 무단전재와 무단복제를 금합니다. 이 책 내용의 전부 또는 일부를 이용하려면 저작권자의 서면 동의를 받아야 합니다.

• 눈을 편안하게 해 주는 친환경 식물성 원료인 콩기름 잉크로 인쇄하였습니다.
⚠ 책 모서리가 날카로워 다칠 수 있으니 사람을 향해 던지거나 떨어뜨리지 마십시오.
⚠ 종이에 베이거나 긁힐 수 있으므로 주의해 주십시오.

핑크 공주의 비밀

글 유가은 · 그림 심미아 · 감수 신항균

아람키즈

내 이름은 소미예요.
핑크를 좋아하는 핑크 공주죠.
옷도 핑크, 신발도 핑크, 가방도 핑크,
식사 시간에 수프를 담아 먹는 그릇도 핑크!
핑크가 아닌 것은 싫어요.
왜냐고요? 나는 핑크 공주니까요.

그런데 나에게는 *불만이 하나 있어요.

**식사 시간마다 선생님은
내가 좋아하는 수프를 조금밖에 안 주시거든요.**

푸코한테는 저렇게 많이 주시는데 말이에요.

아무리 생각해도 이상해요.
**미술 시간에 알록달록 색 모래도
나에게는 조금밖에 안 주세요.**
비바한테는 저렇게 많이 주시는데 말이에요.

정말정말 이상해요.
**파랑 공 *풀장에만 공이 많이 들어 있고,
내가 좋아하는 핑크 공 풀장에는 공이 적게 들어 있어요.**
선생님은 나만 미워하시는 게 틀림없어요!

"선생님! 왜 나만 미워하시는 거예요?"
"갑자기 그게 무슨 소리야? 선생님이 소미를 미워하다니!"
"맛있는 수프도 푸코보다 적게 주시고,
알록달록 색 모래도 비바보다 적게 주시고,
내가 싫어하는 파랑 공 풀장에만 공을 많이 넣어 주시잖아요!"

"그러면 소미와 푸코의 수프 그릇을 둘 다 가져와 볼까?"
"나한테만 조금 주신 것이 분명해요. 이것 좀 보세요!"
"소미가 왜 그렇게 생각했는지 이제 알겠다!"

선생님은 내 그릇과 푸코의 그릇에 똑같이 물을 가득 부었어요.
"이제 여기 있는 유리컵에 한번 따라 볼까?"
선생님이 수프 그릇에 담긴 물을
똑같은 크기의 유리컵에 따르기 시작했어요.
'틀림없이 푸코 그릇의 물이 더 많을 거야.'

그런데 어떻게 된 일일까요?
유리컵에 담긴 물의 *양이 똑같았어요.

"그러면 색 모래는요?
색 모래는 분명히 비바에게 더 많이 주셨다고요!"
"색 모래를 넣은 상자도 한번 가져와 볼래?"
선생님은 내 상자와 비바의 상자에 색 모래를 가득 채웠어요.

"여기 있는 작은 유리컵에 나누어 담아 보자."
내 색 모래는 작은 유리컵으로 4잔이었어요.
비바의 색 모래는……
'어? 똑같이 4잔이잖아!'
다시 세어 보아도 똑같이 4잔이었지요.

"그러면 왜 파랑 공 풀장에만
공이 더 많은 거예요?"
"정말 그런지 선생님과 알아볼까?"

선생님은 핑크 공 풀장에 있는 공과
파랑 공 풀장에 있는 공을 꺼내서 바구니에 담았어요.
'핑크 공 풀장의 공은 7바구니, 파랑 공 풀장의 공도 7바구니!
이번에도 똑같잖아?
분명히 파랑 공 풀장에 있는 공이 더 많아 보였는데…….'

"말도 안 돼요!
선생님이 마술을 부리신 거 아니에요?"

"마술의 비밀은 바로 *모양이란다."
"모양이라고요?"
"담는 그릇이나 상자의 모양에 따라, 같은 양이지만 더 많아 보이기도 하고 적어 보이기도 하지."

"하지만 제가 싫어하는 콩은
다른 친구들보다 훨씬 더 많이 주시잖아요."
"소미의 반찬 그릇은 어떻게 생겼지?"
"예쁜 별 모양 핑크 그릇이죠!"
"다른 친구들의 그릇은 동그랗게 생겼지?"

선생님은 별 모양 그릇과 동그란 그릇에
콩을 담은 뒤,
각각 크기가 같은 유리컵에 부었어요.
"이것도 똑같네요?
어째서 내가 싫어하는 콩만 더 많아 보이는 거예요?"
"그것도 그릇 모양이 다르기 때문이란다."

"다른 친구들의 수프나, 색 모래, 공 풀장의 공이 더 많아 보이는 것은
담아 놓은 그릇이나 풀장의 모양이 달랐기 때문이야.
그리고 소미의 콩이 더 많아 보이는 것은
아마 소미가 콩을 싫어하기 때문이 아닐까?"
'앗, 내가 콩을 싫어하는 것을 ***들켜** 버렸네!'

나는 결심했어요.
다른 친구들과 똑같은 그릇을 사용하기로 말이에요.
왜냐고요? **양이 달라 보였던 이유**는
그릇 모양이 다르기 때문이라는 것을 알았으니까요.
다시는 *투정 부리는 핑크 공주가 되지 않을
거예요.

 **엄마가 보기**

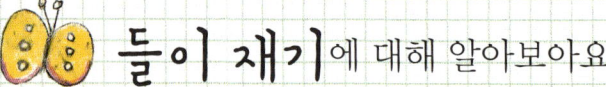 들이 재기에 대해 알아보아요

들이란 통이나 그릇 따위에 최대한으로 넣을 수 있는 양을 말합니다. 아이들은 들이 재기를 통해, **같은 양이라도 담는 그릇의 모양이 다르면 그 양도 다르게 보일 수 있다**는 것을 알게 됩니다. 핑크 공주 소미는 친구들과는 다른 모양의 그릇과 상자를 사용했기 때문에 똑같은 양의 수프나 모래가 들어 있는데도 친구들이 가진 양이 더 많다고 생각했습니다. 이처럼 그릇 안에 들어 있는 양을 비교하는 것은 아이들에게 어려울 수 있습니다. 그래서 선생님이 소미에게 보여 주었던 것처럼 눈으로 쉽게 확인할 수 있는 투명한 그릇을 통해서 정확한 양을 비교하는 것이지요.

용량은 같지만 모양이 다른 페트병, 우유 팩 등을 이용하여 직접 양을 비교해 보면 좋습니다. 또한 요리하거나 목욕하기 등 실생활 속에서도 들이 재기를 할 수 있는 기회를 만들어 보세요.

 아이가 보기

문제는 소미의 그릇이었어요

소미의 수프 그릇과 푸코의 수프 그릇에 담긴 **물의 양**은 **똑같았어요**.

소미의 별 모양 그릇과 다른 친구들의 그릇에 담긴 **콩의 양**도 **똑같았어요**.

 아이와 함께 하기

함께 해 보아요

똑같은 크기의 투명한 유리컵 2개에 물을 가득 채워요.

2개의 컵에 들어 있는 물을 각각 모양이 다른 2개의 그릇에 부어 보아요.
물의 양이 서로 달라 보이지만 사실은 똑같아요.

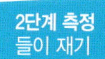

핑크 공 풀장과 파랑 공 풀장에 공이 들어 있어요.
그림을 보고 알맞은 말에 ◯ 해 보아요.

● 핑크 공과 파랑 공이 담겨 있는 풀장의 모양은 (똑같지만 다르지만),

공의 양은 (똑같아요 달라요).